P9-BJY-059

LOS PRINCIPIOS DE LA DEMOCRACIA

¿QUÉ ES LA LIBERTAD INDIVIDUAL?

JOSHUA TURNER

TRADUCIDO POR ESTHER SARFATTI

PowerKiDS
press.

New York

Published in 2020 by The Rosen Publishing Group, Inc.
29 East 21st Street, New York, NY 10010

First Edition

Translator: Esther Sarfatti
Editor, Spanish: María Cristina Brusca
Book Design: Reann Nye

Photo Credits: Seriest art Bplanet/Shutterstock.com; cover Hill Street Studios/ DigitalVision/Getty Images; p. 5 https://commons.wikimedia.org/wiki/File:Scene_ at_the_Signing_of_the_Constitution_of_the_United_States.jpg; p. 7 Dean Drobot/ Shutterstock.com; p. 9 Tanarch/Shutterstock.com; p. 10 FatCamera /E+/Getty Images; p. 11 Jacob Lund/Shutterstock.com; p. 13 Jessica Kourkounis/Getty Images News/Getty Images; p. 15 Simon Ritzmann/Photodisc/Getty Images; p. 17 Matthias Clamer/Stone/Getty Images; p. 19 Blend Images - Hill Street Studios/ Brand X Pictures/Getty Images; p. 21 JGI/Tom Grill/Blend Images/Getty Images; p. 22 Monkey Business Images/Shutterstock.com.

Cataloging-in-Publication Data

Names: Turner, Joshua.
Title: ¿Qué es la libertad individual? / Joshua Turner.
Description: New York : PowerKids Press, 2020. | Series: Los principios de la democracia | Includes glossary and index.
Identifiers: ISBN 9781538349243 (pbk.) | ISBN 9781538349267 (library bound) | ISBN 9781538349250 (6 pack)
Subjects: LCSH: Liberty—Juvenile literature. | Democracy—United States– Juvenile literature.
Classification: LCC JC599.U5 T87 2019 | DDC 323.440973—dc23

Manufactured in the United States of America

CPSIA Compliance Information: Batch #CSPK19: For Further Information contact Rosen Publishing, New York, New York at 1-800-237-9932

CONTENIDO

* * * * * * * * * * *

¿QUÉ SIGNIFICA SER LIBRE?

★ ★ ★ ★ ★ ★ ★ ★ ★ ★

Estados Unidos se fundó sobre la idea de que la libertad individual es uno de los aspectos más importantes de una sociedad. Para los Padres Fundadores, libertad significaba que la gente pudiera votar y elegir la religión que quisiera.

Para los abolicionistas, o aquellos que querían poner fin a la esclavitud, libertad significaba que los afroamericanos también tuvieran estos derechos. Para las **sufragistas** significaba que también los tuvieran las mujeres. La libertad en Estados Unidos significa poder ejercer tus derechos en la sociedad.

★ ★ ★ ★ ★ ★ ★ ★ ★ ★

EL ESPÍRITU DE LA DEMOCRACIA

La primera sociedad que dio libertad individual a sus ciudadanos, permitiendo que votaran en elecciones, fue la antigua Grecia. Los antiguos griegos creían que su Gobierno debía decidir qué libertades dar a la gente y luego **protegerlas**.

★ ★ ★ ★ ★ ★ ★ ★ ★

Los Padres Fundadores creían que cada persona debería poder tomar sus propias decisiones acerca de cómo vivir su vida.

SABER QUE ERES LIBRE

La libertad no implica poder hacer todo lo que quieras. Existen reglas y leyes que todos los ciudadanos deben seguir como, por ejemplo, no robar ni mentir.

La libertad significa poder tomar decisiones propias acerca de tu vida. Tú puedes decidir qué vas a comer o leer. Puedes elegir lo que quieres estudiar en la universidad y el trabajo que te gustaría hacer después. Una de las libertades más importantes en Estados Unidos es la libertad de **expresión**, la cual te permite expresarte sin que nadie te **censure**.

En una sociedad libre, la gente puede estudiar lo que quiera en la universidad y decidir por sí misma de qué manera quiere **contribuir** a la sociedad.

LIBERTAD INDIVIDUAL Y DEMOCRACIA

★ ★ ★ ★ ★ ★ ★ ★ ★ ★

La democracia es importante para la libertad individual, y el primer paso es votar. En una sociedad libre, la gente puede elegir sus líderes en elecciones libres, justas y abiertas. Puede que la persona por la que votas no gane, pero el hecho de votar significa que tuviste voz en las elecciones.

En Estados Unidos, los gobernantes son elegidos por el pueblo. Esto significa que, si el Gobierno de Estados Unidos no protege las libertades individuales de las personas, aquellos que han hecho las leyes se **arriesgan** a no ser reelegidos.

★ ★ ★ ★ ★ ★ ★ ★

EL ESPÍRITU DE LA DEMOCRACIA

La Ilustración fue un período de la historia europea durante el cual grandes pensadores reflexionaron acerca del mundo que los rodeaba. Para ellos, la democracia y la libertad individual eran importantes para que los ciudadanos vivieran bien y fueran felices.

★ ★ ★ ★ ★ ★ ★ ★

La democracia estadounidense ha funcionado durante más de 200 años porque promete a sus ciudadanos libertades individuales.

9

LIBERTAD EN LA VIDA DIARIA

★ ★ ★ ★ ★ ★ ★ ★ ★ ★

La libertad individual puede tener muchos significados en la vida diaria. Puede significar cosas grandes, como la oportunidad de votar por el presidente de Estados Unidos. También puede considerar cosas pequeñas, como elegir la ropa que vas a llevar todos los días.

Tomar buenas decisiones se vuelve más importante cuanto más libertad tienes. La razón es que, cuando tienes más libertad, también tienes más **responsabilidad** por tus acciones. Por ejemplo, puedes elegir comer alimentos saludables o no. Depende de ti.

Cuanta más libertad tiene una persona, más importante es que tome buenas decisiones, como, por ejemplo, ayudar a los demás.

11

LIBERTAD INDIVIDUAL Y DE GRUPO

★ ★ ★ ★ ★ ★ ★ ★ ★ ★

Al igual que las personas tienen libertad en forma individual, los grupos de gente también las tienen. Por ejemplo, en las elecciones estadounidenses, hay dos partidos principales: los demócratas y los republicanos. Cada partido está formado por muchas personas.

Cada partido tiene la libertad de decidir quién lo va a representar. Luego, como grupo, todos los estadounidenses eligen al presidente. Tal vez no siempre estés en la mayoría, pero todo el mundo tiene voz en una democracia.

★ ★ ★ ★ ★ ★ ★ ★ ★ ★

EL ESPÍRITU DE LA DEMOCRACIA

En 2008, en la **convención** del Partido Demócrata, Barack Obama ganó la **nominación** y más tarde se convirtió en presidente electo. Mucha gente pensó que perdería las elecciones. Pudo ganar gracias a la libertad individual que tiene cada persona para elegir.

★ ★ ★ ★ ★ ★ ★ ★ ★ ★

Las convenciones políticas son una buena forma de unir a los individuos en grupos. En ellas, cada uno puede ejercer su libertad de elegir a quién quiere que lo represente, o hable por él, en el Gobierno.

LIBERTAD, EQUIDAD E IGUALDAD

¿Son todas las personas igualmente libres? ¿Es siempre equitativa la libertad? Estas preguntas no son fáciles de contestar y puede que tengan diferentes significados para personas diferentes.

La libertad individual en una democracia significa que todo el mundo tiene la cantidad de libertad justa y equitativa. El voto de cada persona cuenta una vez. Y cada uno tiene la libertad de votar. Para tener verdadera libertad, tiene que haber equidad entre las personas. Además, cada persona tiene que compartir esa libertad de igual forma con los demás.

La libertad de expresión significa que, aunque no te guste lo que diga alguien, esa persona tiene el derecho justo y equitativo de decirlo, al igual que tú lo tienes.

¿DEMASIADA LIBERTAD?

★ ★ ★ ★ ★ ★ ★ ★ ★ ★

En una sociedad democrática que permite la libertad individual, las personas reciben herramientas, como la educación, para poder tomar buenas decisiones. Sin embargo, la responsabilidad de elegir bien está en manos de cada persona. Es por eso que la gente a veces prefiere pelear que hablar de sus problemas.

Algunas personas creen que los ciudadanos de Estados Unidos tienen mucha libertad. Mientras no rompas la ley o hagas daño a los demás, la libertad significa tener el derecho de tomar tus propias decisiones.

★ ★ ★ ★ ★ ★ ★ ★ ★

EL ESPÍRITU DE LA DEMOCRACIA

La Guerra Fría entre Estados Unidos y la Unión Soviética fue una batalla de ideas entre la democracia **liberal** y el **comunismo**. Estados Unidos luchó por la libertad individual y finalmente ganó en la década de 1990.

★ ★ ★ ★ ★ ★ ★ ★

En el Antiguo Oeste estadounidense, todavía no había un Gobierno fuerte que hiciera a la gente seguir la ley. Por eso lo llamaban el "Salvaje Oeste".

EVITAR ACCIONES QUE DAÑEN MI LIBERTAD

En la sociedad existen dos tipos de libertades individuales. La primera es la libertad de evitar que las acciones de otras personas perjudiquen nuestra libertad. En nuestro país, por ejemplo, hay leyes que no permiten que unas personas traten de hacer daño o roben las propiedades de otras.

El Gobierno y la Policía protegen estas libertades. La gente elige con equidad a quienes están encargados de protegerlas. Esto ayuda a asegurar que la libertad de cada individuo esté protegida por el conjunto de la sociedad.

Los policías y los representantes electos protegen a las personas de las acciones dañinas de los demás.

LIBERTAD DE ACCIÓN

* * * * * * * * * *

El segundo tipo de libertad individual es la libertad de realizar o llevar a cabo acciones. Esto significa, por ejemplo, que puedes decidir qué quieres desayunar o dónde quieres trabajar.

La libertad de acción de una persona tiene sus límites. Sus acciones no deben hacer daño a los demás ni quitarle la libertad a otra persona. La libertad de acción de una persona y su derecho a elegir qué hacer con su vida son algunos de los aspectos más importantes de las libertades individuales.

* * * * * * * * *

EL ESPÍRITU DE LA DEMOCRACIA

Hoy en día, Estados Unidos lucha contra grupos **terroristas** alrededor del mundo con la esperanza de proteger las libertades individuales de la gente. El mundo es un lugar mejor cuando hay más gente a salvo del daño y capaz de elegir su propio camino en la vida.

* * * * * * * * *

La libertad de cada persona de elegir su propio camino en la vida es clave en una sociedad democrática.

LA IMPORTANCIA DE LA LIBERTAD INDIVIDUAL

★ ★ ★ ★ ★ ★ ★ ★ ★ ★

La libertad individual es fundamental en cualquier sociedad democrática, incluido Estados Unidos. Sin libertad individual, nuestro país no existiría. Esto se debe a que la libertad individual es la base de la democracia.

La libertad individual permite a las personas tomar sus propias decisiones. Pero la libertar de elegir también viene con muchas responsabilidades. Es por esto que cada persona debe tratar de usar su libertad individual para hacer lo correcto y lo mejor. Recuerda, tus libertades solo están protegidas hasta que dañas las libertades de los demás.

GLOSARIO

★ ★ ★ ★ ★ ★ ★ ★ ★ ★

arriesgar: tomar un riesgo o enfrentarse a algún peligro.

censurar: quitar o corregir cosas por creer que son dañinas para la sociedad.

comunismo: forma de organizar la sociedad donde no existe la propiedad privada y el Gobierno posee las cosas que se utilizan para hacer y transportar productos.

contribuir: dar algo, como dinero, bienes o tiempo, para ayudar a una persona, un grupo o una causa.

convención: gran reunión de personas que comparten trabajos o intereses similares.

expresión: acto de expresar, o hablar o escribir, acerca de algo que piensas o sientes.

liberal: que no se opone a nuevas ideas y formas de comportarse, generalmente no aceptadas.

nominación: acción de elegir a alguien para que pueda ser candidato a ocupar un trabajo, posición o cargo público.

proteger: mantener fuera de peligro.

responsabilidad: algo que debes hacer porque es moralmente correcto o legalmente obligatorio.

sufragista: mujer que trabajaba para conseguir el derecho al voto para las mujeres, en el pasado, cuando aún no se les permitía votar.

terrorista: persona que utiliza la violencia con el fin de lograr un objetivo político.

ÍNDICE

SITIOS DE INTERNET

Debido a que los enlaces de Internet cambian constantemente,
PowerKids Press ha creado una lista de sitios de Internet relacionados
con el tema de este libro. Este sitio se actualiza con regularidad.
Por favor, utiliza este enlace para acceder a la lista:
www.powerkidslinks.com/pofd/ind